escuela - skola		2
viaje - resa		5
transporte - transport		8
ciudad - stad		10
paisaje - landskap		14
restaurante - restaurang		17
supermercado - stormarknad		20
bebidas - drycker		22
comida - mat		23
granja - bondgård		27
casa - hus		31
sala - vardagsrum		33
cocina - kök		35
cuarto de baño - badrum		38
habitación de los niños - barnrum		42
ropa - kläder		44
oficina - kontor		49
economía - ekonomi		51
oficios - yrken		53
herramientas - verktyg		56
instrumentos musicales - musikinstrument		57
zoo - zoo		59
deportes - sport		62
actividades - aktiviteter		63
familia - familj		67
cuerpo - kropp		68
hospital - sjukhus		72
urgencia - nödsituation		76
tierra - Jorden		77
hora(s) - klocka		79
semana - vecka		80
año - år		81
formas - former		83
colores - färger		84
opuestos - motsatser		85
números - siffror		88
idiomas - språk		90
quién / qué / cómo - vem / vad / hur		91
dónde - var		92

Impressum
Verlag: BABADADA GmbH, Nedderfeld 112 , 22529 Hamburg
Geschäftsführer / Verlagsleitung: Harald Hof
Druck: Books on Demand GmbH, In de Tarpen 42, 22848 Norderstedt

Imprint
Publisher: BABADADA GmbH, Nedderfeld 112 , 22529 Hamburg, Germany
Managing Director / Publishing direction: Harald Hof
Print: Books on Demand GmbH, In de Tarpen 42, 22848 Norderstedt, Germany

escuela

skola

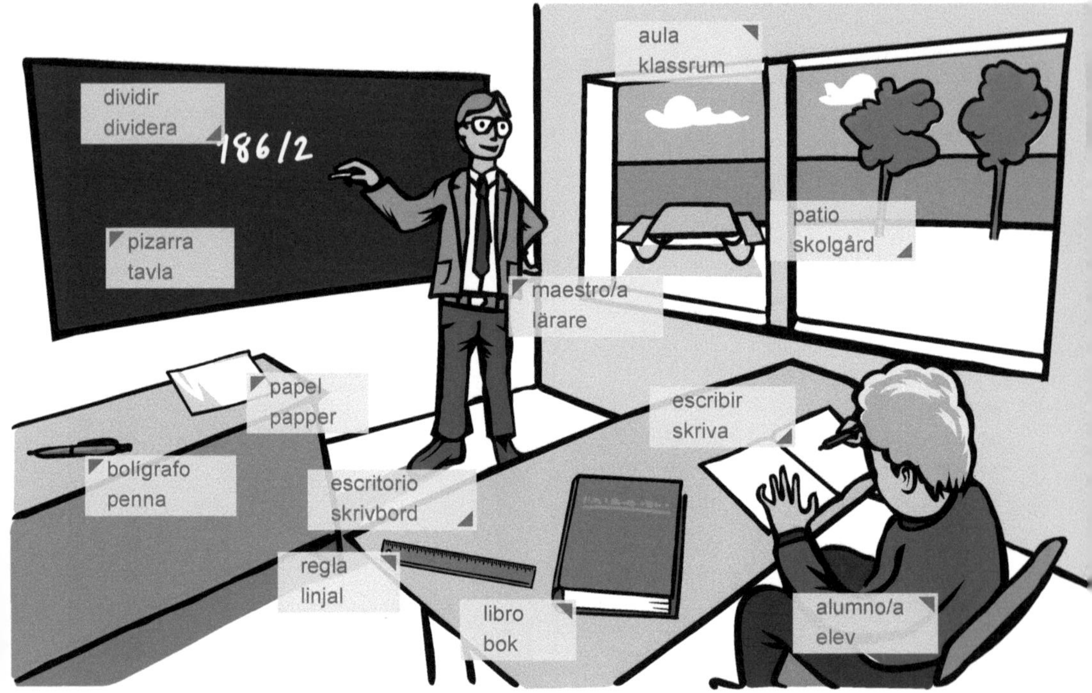
aula
klassrum
dividir
dividera
186/2
pizarra
tavla
patio
skolgård
maestro/a
lärare
papel
papper
escribir
skriva
bolígrafo
penna
escritorio
skrivbord
regla
linjal
libro
bok
alumno/a
elev

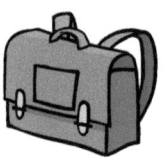

cartera

skolväska

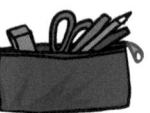

caja de lápices

pennfodral

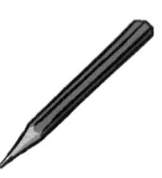

lápiz

blyertspenna

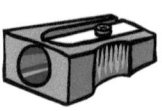

sacapuntas

pennvässare

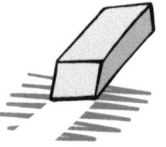

goma de borrar

suddgummi

cuaderno de dibujo

ritblock

dibujo

teckning

pincel

pensel

caja de pinturas

målarlåda

tijeras

sax

pegamento

lim

cuaderno de ejercicios

övningsbok

deberes

hemläxa

número

tal

sumar

addera

restar

subtrahera

multiplicar

multiplicera

calcular

räkna

letra

bokstav

alfabeto

alfabet

palabra

ord

texto
text

leer
läsa

tiza
krita

lección
lektion

cuaderno de notas
register

examen
prov

certificado
intyg

uniforme escolar
skoluniform

educación
utbildning

enciclopedia
uppslagsverk

universidad
universitet

microscopio
mikroskop

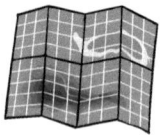
mapa
karta

papelera
papperskorg

viaje
resa

hotel
hotell
Grand
albergue
vandrarhem
ROOMS
oficina de cambio de divisas
växelkontor
maleta
resväska
coche
bil

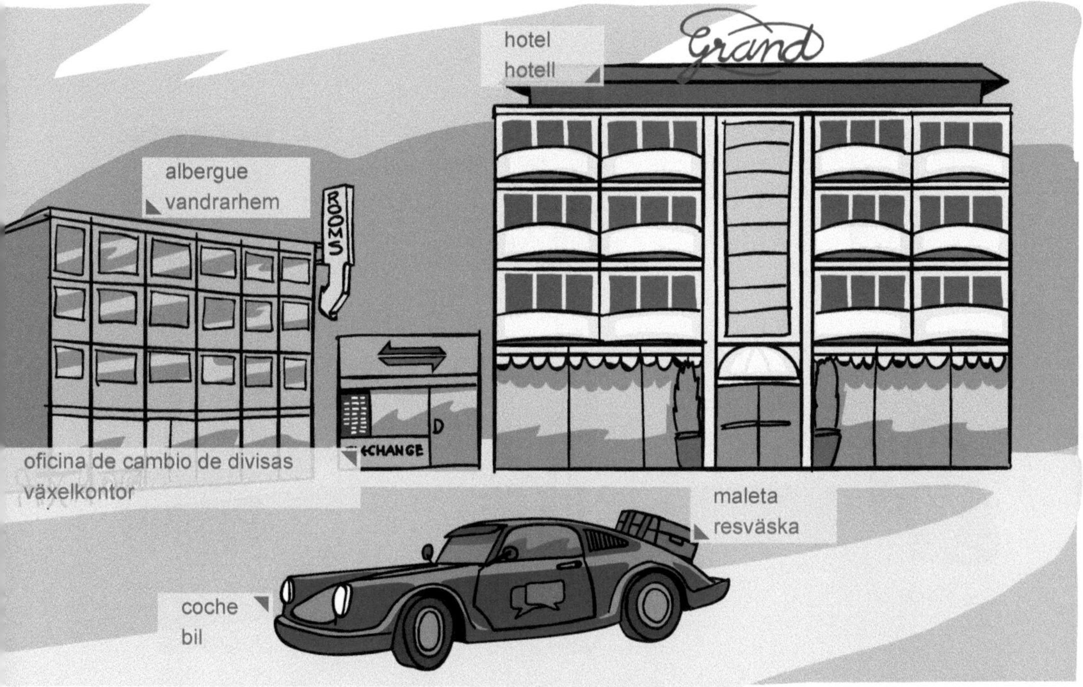

idioma

språk

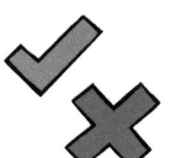

sí / no

ja / nej

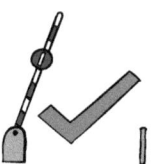

Vale

Okay

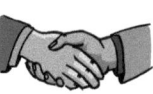

hola

hej

traductor

översättare

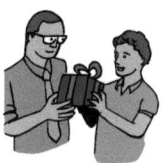

Gracias

Tack

¿cuánto es...?

hur mycket kostar...?

No entiendo

jag förstår inte

problema

problem

¡Buenas tardes!

God kväll!

¡Buenos días!

God morgon!

¡Buenas noches!

God natt!

adiós

hejdå

dirección

riktning

equipaje

bagage

bolsa

väska

mochila

ryggsäck

invitado

gäst

habitación

rum

saco de dormir

sovsäck

tienda de campaña

tält

información turística

turistinformation

playa

strand

tarjeta de crédito

kreditkort

desayuno

frukost

almuerzo

lunch

cena

middag

billete

biljett

ascensor

hiss

sello

frimärke

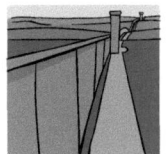

frontera

gräns

aduana

tull

embajada

ambassad

visa

visum

pasaporte

pass

transporte
transport

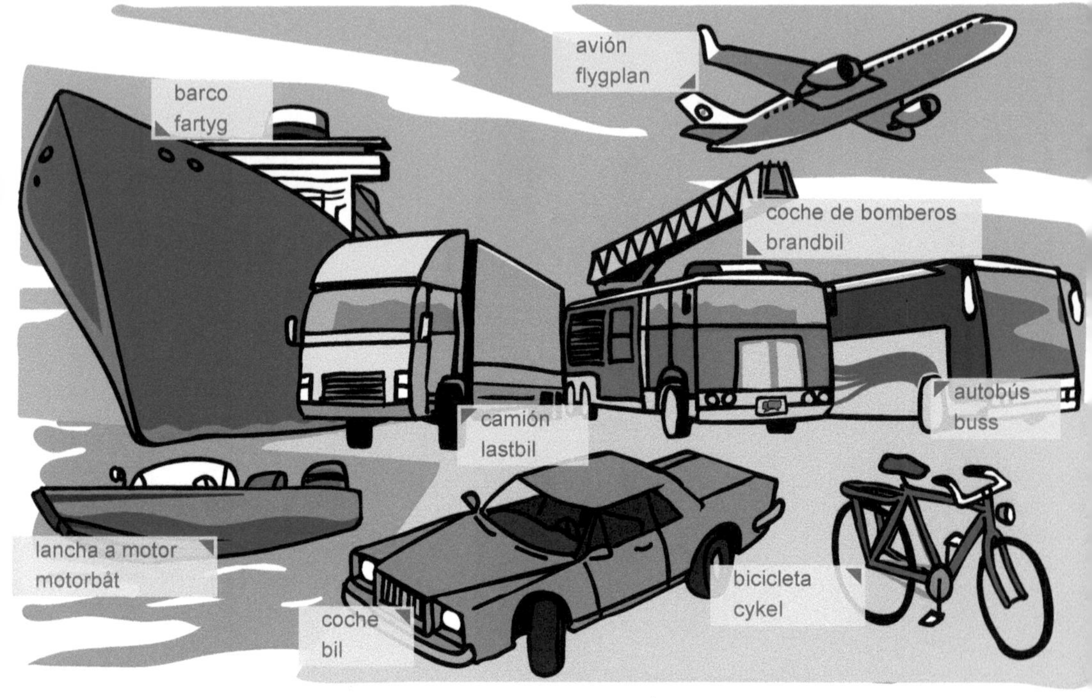

avión
flygplan

barco
fartyg

coche de bomberos
brandbil

autobús
buss

camión
lastbil

lancha a motor
motorbåt

bicicleta
cykel

coche
bil

transbordador
färja

barca
båt

moto
motorcykel

coche de policía
polisbil

coche de carreras
racerbil

coche de alquiler
hyrbil

préstamo de vehículos

bilpool

grúa

bärgningsbil

camión de la basura

sopbil

motor

motor

gasolina

bränsle

gasolinera

bensinstation

señal de tráfico

vägmärke

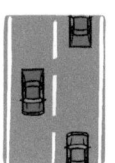

tráfico

trafik

atasco

bilkö

aparcamiento

parkeringsplats

estación de tren

tågstation

vías

räls

tren

tåg

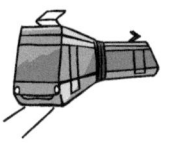

tranvía

spårvagn

vagón

vagn

helicóptero

helikopter

aeropuerto

flygplats

torre

torn

pasajero

passagerare

contenedor

container

caja de cartón

kartong

carretilla

vagn

cesta

korg

despegar / aterrizar

starta / landa

ciudad

stad

pueblo

by

centro de ciudad

centrum

casa

hus

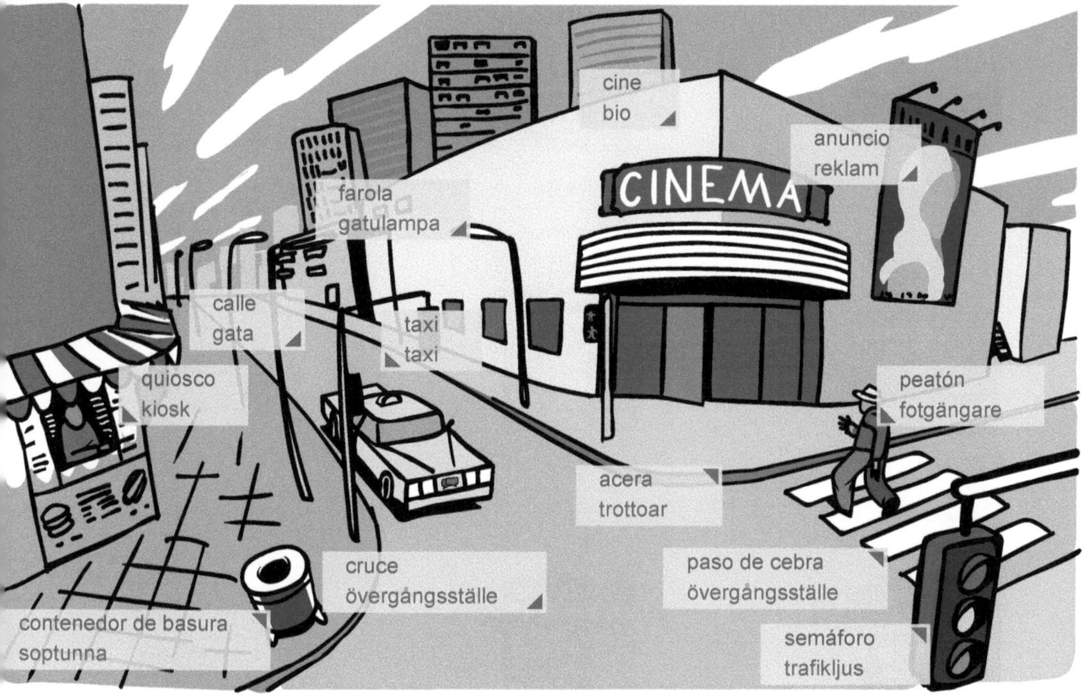

cine
bio

anuncio
reklam

farola
gatulampa

CINEMA

calle
gata

taxi
taxi

quiosco
kiosk

peatón
fotgängare

acera
trottoar

cruce
övergångsställe

paso de cebra
övergångsställe

contenedor de basura
soptunna

semáforo
trafikljus

cabaña

stuga

apartamento

lägenhet

estación de tren

tågstation

ayuntamiento

stadshus

museo

museum

escuela

skola

universidad

universitet

banco

bank

hospital

sjukhus

hotel

hotell

farmacia

apotek

oficina

kontor

librería

bokhandel

tienda

affär

floristería

blomsterbutik

supermercado

stormarknad

mercado

marknad

grandes almacenes

varuhus

pescadería

fiskhandlare

centro comercial

köpcentrum

puerto

hamn

parque

park

banco

bänk

puente

brygga

escaleras

trappa

metro

tunnelbana

túnel

tunnel

parada de autobús

busshållplats

bar

bar

restaurante

restaurang

buzón

brevlåda

poste indicador

gatuskylt

parquímetro

parkeringsautomat

zoo

zoo

piscina

simbassäng

mezquita

moské

granja
bondgård

contaminación
förorening

cementerio
kyrkogård

iglesia
kyrka

patio de juego
lekplats

templo
tempel

paisaje
landskap

hoja
löv

señal
vägskylt

camino
väg

prado
äng

piedra
sten

excursionista
liftare

árbol
träd

río
flod

hierba
gräs

flor
blomma

valle

dal

colina

kulle

lago

sjö

bosque

skog

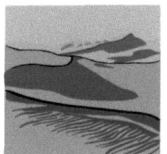

desierto

öken

volcán

vulkan

castillo

slott

arcoíris

regnbåge

champiñón

svamp

palmera

palm

mosquito

mygga

mosca

fluga

hormiga

myra

abeja

bi

araña

spindel

escarabajo

skalbagge

rana

groda

ardilla

ekorre

erizo

igelkott

liebre

hare

lechuza

uggla

pájaro

fågel

cisne

svan

jabalí

vildsvin

ciervo

rådjur

alce

älg

presa

damm

turbina eólica

vindkraftverk

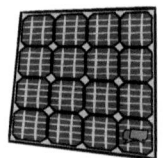

panel solar

solcellspanel

clima

klimat

restaurante
restaurang

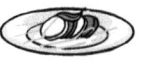

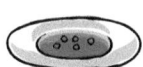

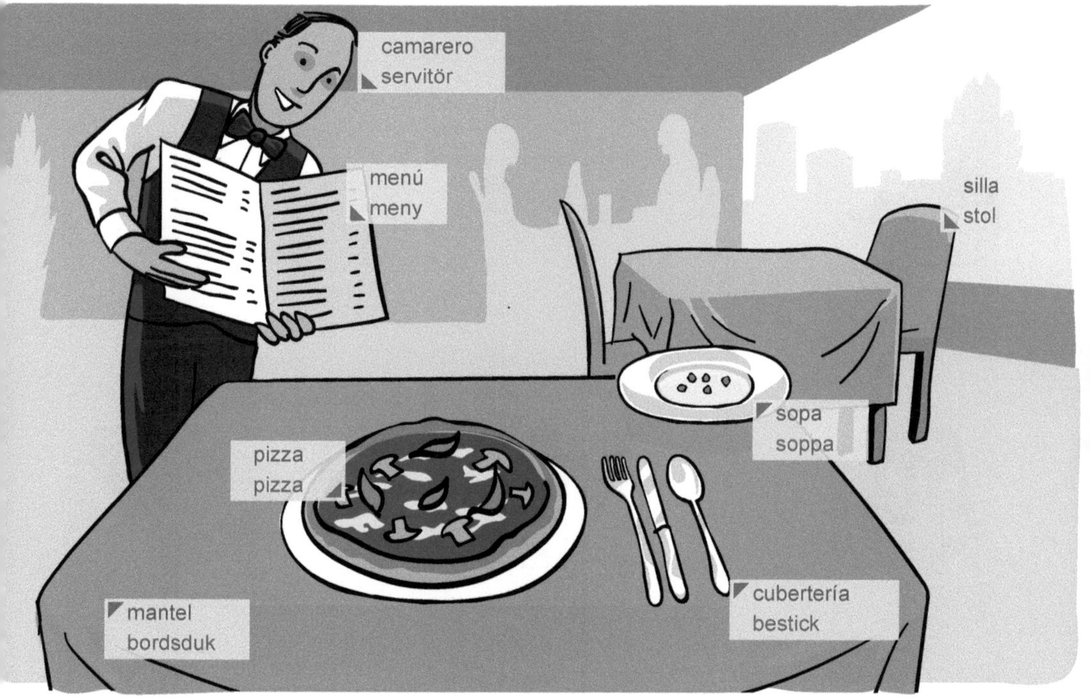
camarero
servitör
menú
meny
silla
stol
sopa
soppa
pizza
pizza
mantel
bordsduk
cubertería
bestick

primer plato

förrätt

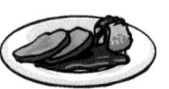

plato principal

huvudrätt

postre

dessert

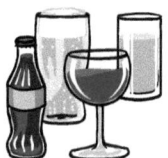

bebidas

drycker

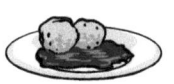

comida

mat

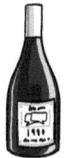

botella

flaska

comida rápida

snabbmat

comida callejera

street food

tetera

tekanna

azucarero

sockerskål

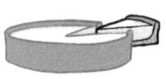

porción

portion

cafetera expreso

espressomaskin

trona

barnstol

cuenta

räkning

bandeja

bricka

cuchillo

kniv

tenedor

gaffel

cuchara

sked

cucharilla

tesked

servilleta

servett

vaso

glas

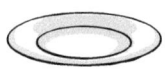

plato
tallrik

plato hondo
sopptallrik

platillo
tefat

salsa
sås

salero
saltkar

molinillo de pimienta
pepparkvarn

vinagre
vinäger

aceite
olja

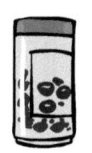

especias
kryddor

ketchup
ketchup

mostaza
senap

mayonesa
majonnäs

supermercado
stormarknad

oferta especial
specialerbjudande
FOR
cliente
kund
lácteos
mejeriprodukter
fruta
frukt
carro de la compra
varukorg

BUTCHERS

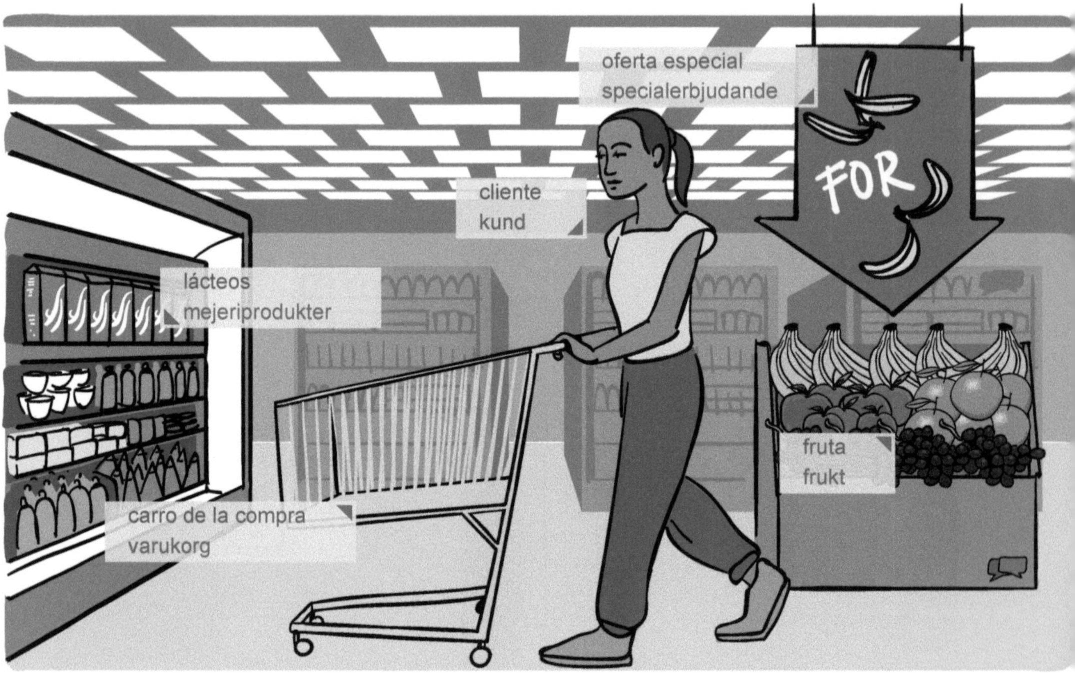

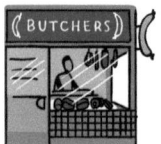

carnicería

charkuteri

BAKERY

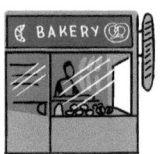

panadería

bageri

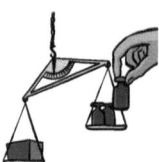

pesar

väga

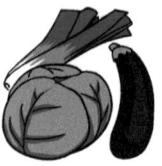

verduras

grönsaker

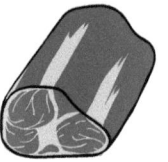

carne

kött

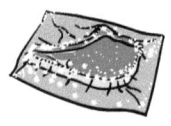

alimentos congelados

frysta livsmedel

fiambres

pålägg

conservas

konserver

detergente en polvo

tvättmedel

dulces

godis

productos de uso doméstico

hushållsprodukter

productos de limpieza

rengöringsmedel

vendedora

försäljare

caja

kassa

cajero

kassör

lista de la compra

inköpslista

horario de atención al público

öppettider

cartera

plånbok

tarjeta de crédito

kreditkort

bolsa

väska

bolsa de plástico

plastpåse

agua

vatten

zumo

juice

leche

mjölk

cola

cola

vino

vin

cerveza

öl

alcohol

alkohol

cacao

kakao

té

te

café

kaffe

expreso

espresso

capuchino

cappuccino

plátano

banan

manzana

äpple

naranja

apelsin

melón

melon

limón

citron

zanahoria

morot

ajo

vitlök

bambú

bambu

cebolla

lök

champiñón

svamp

avellanas

nötter

fideos

nudlar

espagueti

spaghetti

arroz

ris

ensalada

sallad

patatas fritas

pommes frites

patatas fritas

stekt potatis

pizza

pizza

hamburguesa

hamburgare

sándwich

smörgås

filete

schnitzel

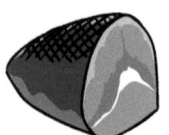

jamón

skinka

salami

salami

salchicha

korv

pollo

kyckling

asado

stek

pescado

fisk

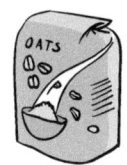

copos de avena

havregryn

muesli

müsli

copos de maíz

cornflakes

harina

mjöl

cruasán

croissant

panecillo

fralla

pan

bröd

tostada

rostat bröd

galletas

kex

mantequilla

smör

cuajada

kvarg

pastel

kaka

huevo

ägg

huevo frito

stekt ägg

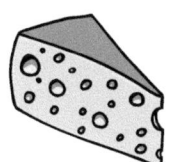

queso

ost

helado
glass

azúcar
socker

miel
honung

mermelada
sylt

crema de turrón
nougatkräm

curry
curry

granja
bondgård

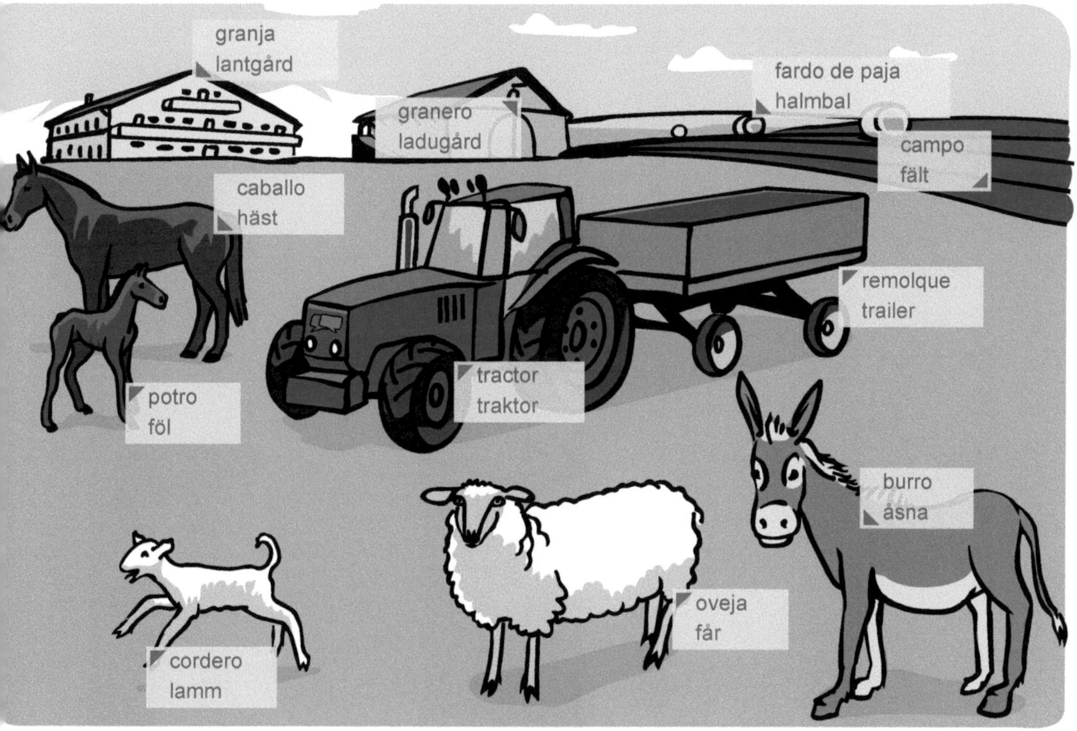
granja
lantgård
granero
ladugård
fardo de paja
halmbal
campo
fält
caballo
häst
remolque
trailer
tractor
traktor
potro
föl
burro
åsna
oveja
får
cordero
lamm

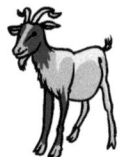

cabra

get

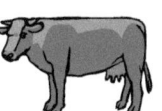

vaca

ko

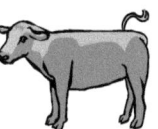

ternero

kalv

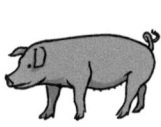

cerdo

gris

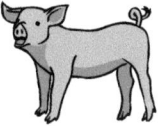

cerdito

griskulting

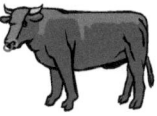

toro

tjur

ganso

gås

pato

anka

pollo

kyckling

gallina

höna

gallo

tupp

rata

råtta

gato

katt

ratón

mus

buey

oxe

perro

hund

perrera

hundkoja

manguera

trädgårdsslang

regadera

vattenkanna

guadaña

lie

arado

plog

granja - bondgård

hoz

skära

azada

hacka

horca

högaffel

hacha

yxa

carretilla

skottkärra

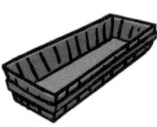

abrevadero

tråg

lechera

mjölkflaska

saco

säck

valla

staket

establo

stall

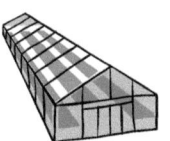

invernadero

växthus

suelo

jord

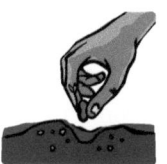

semilla

säd

fertilizador

gödsel

cosechadora

skördetröska

cosechar

skörda

cosecha

skörd

ñame

jams

trigo

vete

soja

soja

patata

potatis

maíz

majs

semilla de colza

raps

árbol frutal

fruktträd

mandioca

maniok

cereales

spannmål

casa
hus

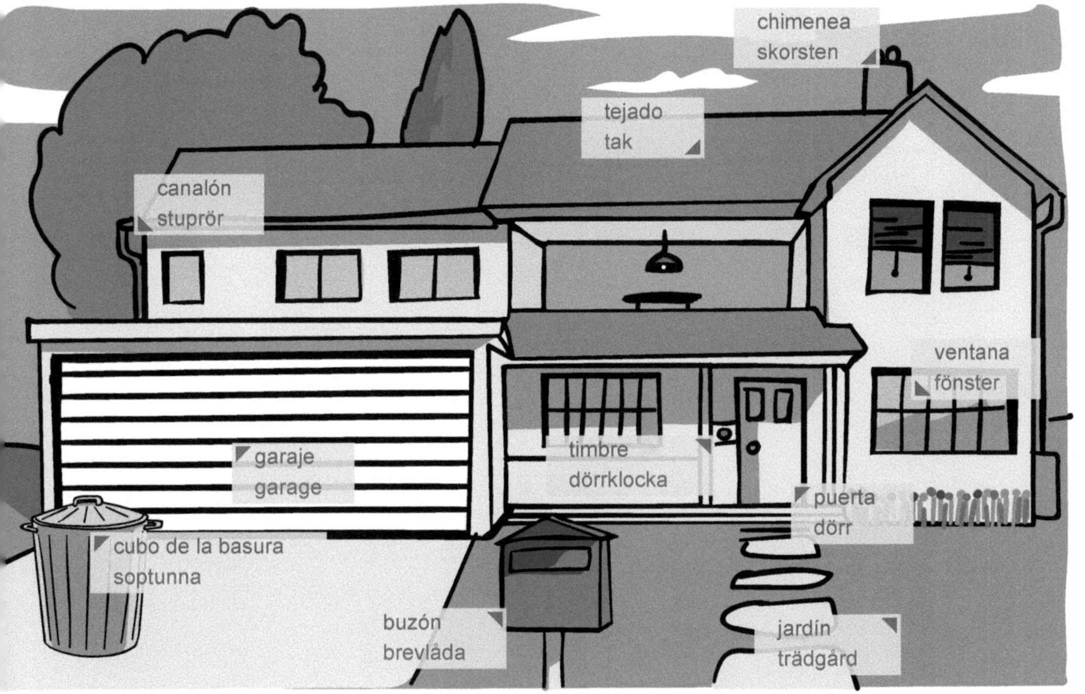

chimenea
skorsten
tejado
tak
canalón
stuprör
ventana
fönster
garaje
garage
timbre
dörrklocka
puerta
dörr
cubo de la basura
soptunna
buzón
brevlåda
jardín
trädgård

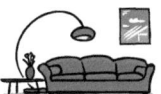

sala

vardagsrum

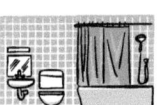

cuarto de baño

badrum

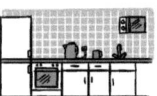

cocina

kök

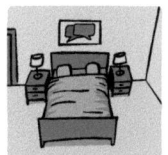

dormitorio

sovrum

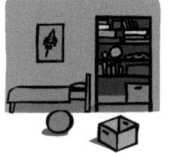

habitación de los niños

barnrum

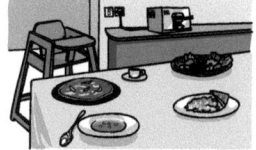

comedor

matsal

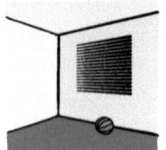

suelo

golv

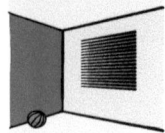

pared

vägg

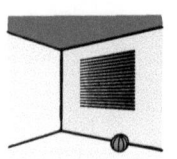

techo

tak

sótano

källare

sauna

bastu

balcón

balkong

terraza

terrass

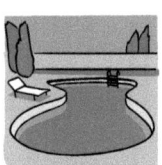

piscina

bassäng

cortacésped

gräsklippare

sábana

lakan

colcha

överkast

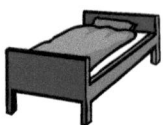

cama

säng

escoba

kvast

balde

hink

interruptor

strömbrytare

sala
vardagsrum

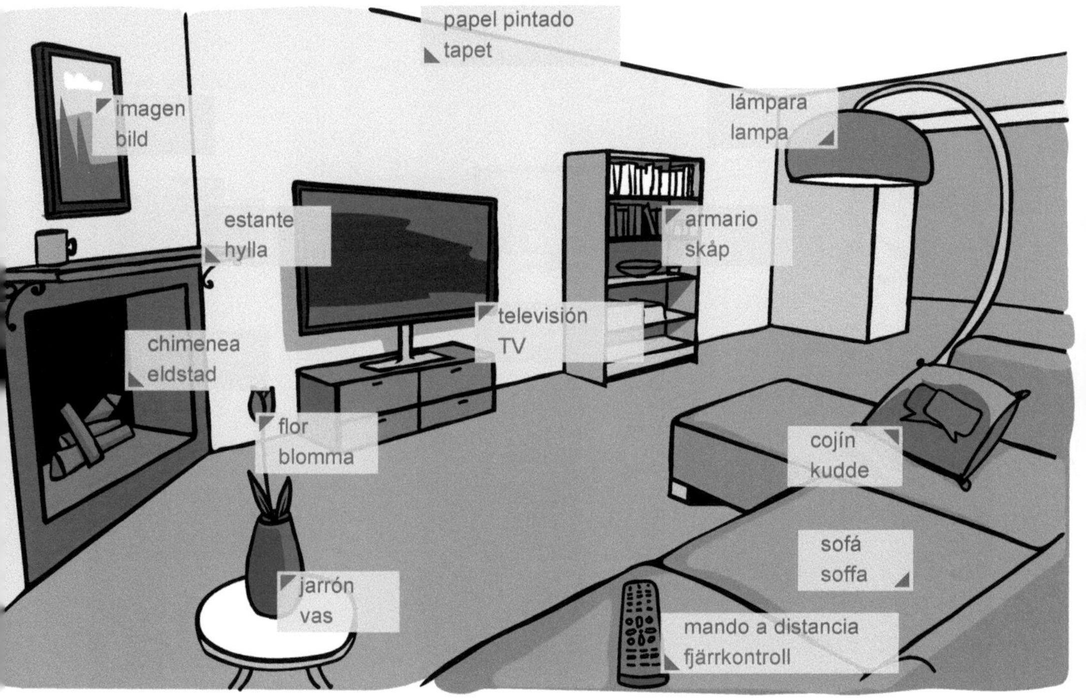
papel pintado
tapet
imagen
bild
lámpara
lampa
estante
hylla
armario
skåp
televisión
TV
chimenea
eldstad
flor
blomma
cojín
kudde
sofá
soffa
jarrón
vas
mando a distancia
fjärrkontroll

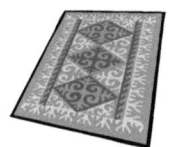

alfombra

matta

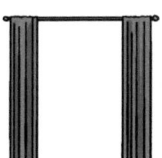

cortina

gardin

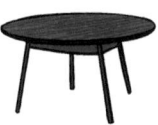

mesa

bord

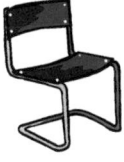

silla

stol

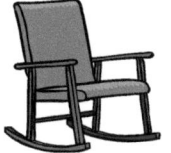

mecedora

gungstol

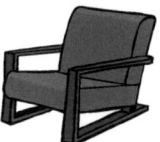

butaca

fåtölj

libro
bok

manta
filt

decoración
dekoration

leña
vedträ

película
film

equipo de música
stereoanläggning

llave
nyckel

periódico
dagstidning

pintura
målning

póster
poster

radio
radio

cuaderno
anteckningsbok

aspiradora
dammsugare

cactus
kaktus

vela
stearinljus

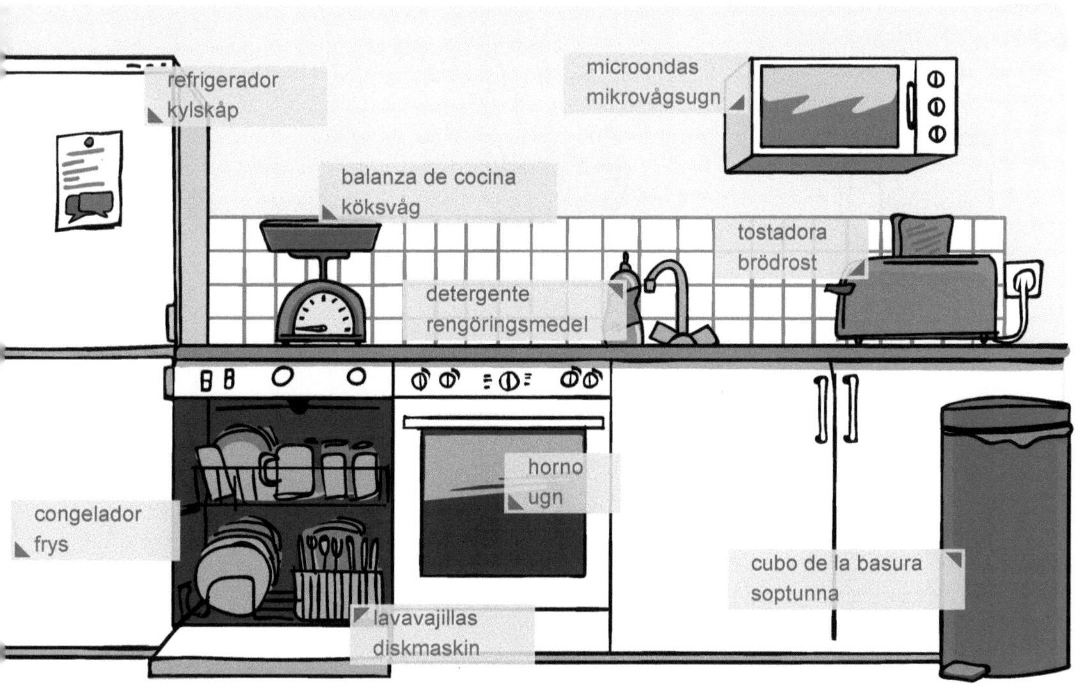

refrigerador
kylskåp

microondas
mikrovågsugn

balanza de cocina
köksvåg

tostadora
brödrost

detergente
rengöringsmedel

congelador
frys

horno
ugn

cubo de la basura
soptunna

lavavajillas
diskmaskin

olla a presión

spis

olla

kastrull

olla de hierro fundido

järngryta

wok / karahi

wok / kadai

cazuela

stekpanna

hervidor

vattenkokare

vaporera

ångkokare

chapa de horno

bakplåt

vajilla

porslin

taza

mugg

tazón

skål

palillos

ätpinnar

cucharón

soppslev

espumadera

stekspade

batidor

visp

colador

durkslag

cedazo

sil

rallador

rivjärn

mortero

mortel

barbacoa

grill

hoguera

brasa

tabla de picar

skärbräda

rodillo

kavel

sacacorchos

korkskruv

lata

burk

abrelatas

burköppnare

agarrador

grytlapp

lavabo

vask

cepillo

borste

esponja

svamp

batidora

mixer

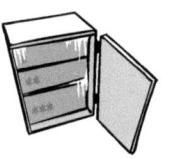

congelador

frys

biberón

nappflaska

grifo

kran

cuarto de baño
badrum

calefacción
värme
ducha
dusch
toalla
handduk
cortina de la ducha
duschdraperi
baño de espuma
bubbelbad
bañera
badkar
vaso
glas
lavadora
tvättmaskin
grifo
kran
baldosas
kakel
orinal
potta
lavabo
vask

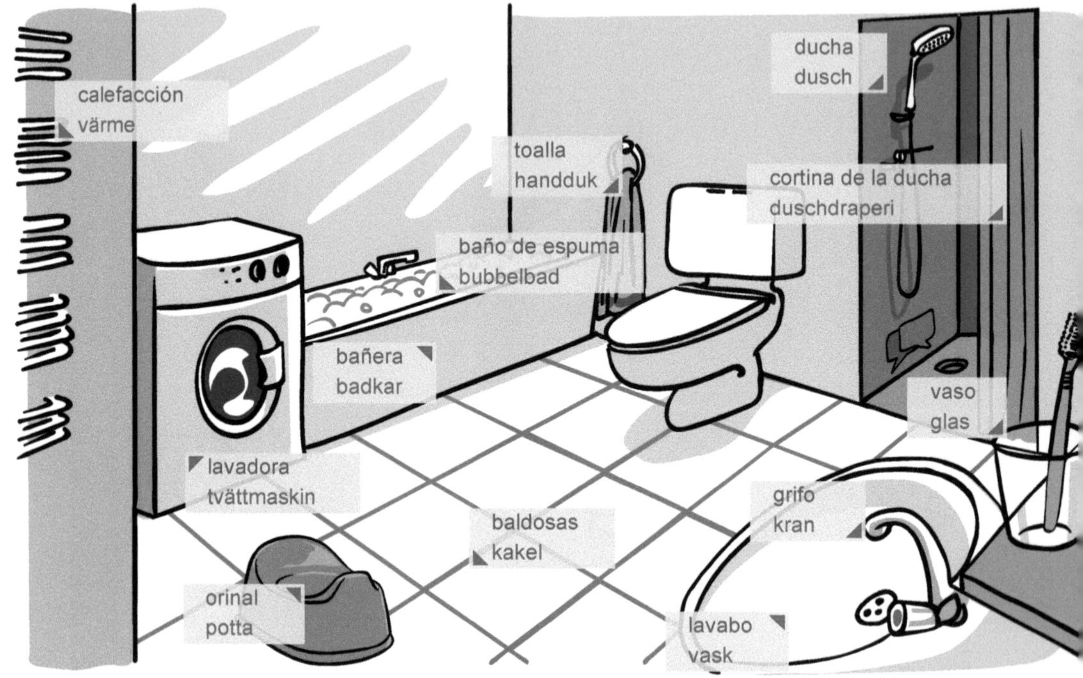

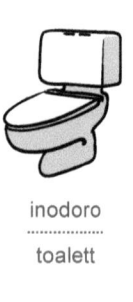

inodoro
toalett

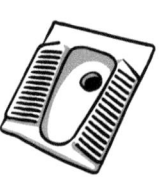

inodoro rústico
låg toalett

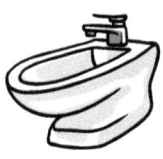

bidé
bidet

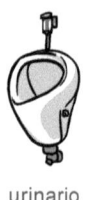

urinario
pissoar

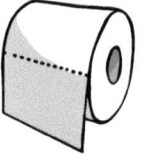

papel higiénico
toalettpapper

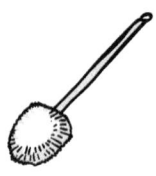

escobilla del váter
toalettborste

cepillo de dientes

tandborste

pasta de dientes

tandkräm

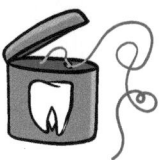

hilo dental

tandtråd

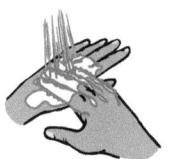

lavar

tvätta

ducha de mano

handdusch

ducha íntima

intimdusch

pila

handfat

cepillo de espalda

ryggborste

jabón

tvål

gel de ducha

duschgel

champú

schampo

toallita

trasa

desagüe

avlopp

crema

crème

desodorante

deodorant

espejo
spegel

espejo de tocador
handspegel

maquinilla de afeitar
rakhyvel

espuma de afeitar
raklödder

loción postafeitado
rakvatten

peine
kam

cepillo
borste

secador
hårtork

laca
hårspray

maquillaje
smink

pintalabios
läppstift

pintauñas
nagellack

algodón
bomullsvadd

cortauñas
nagelsax

perfume
parfym

estuche de viaje

necessär

banqueta

pall

balanza

våg

albornoz

badrock

guantes de goma

gummihandskar

tampón

tampong

compresa

binda

inodoro químico

kemisk toalett

habitación de los niños

barnrum

despertador
väckarklocka
peluche
gosedjur
coche de juguete
leksaksbil
sonajero
skallra
casa de muñecas
dockhus
regalo
present

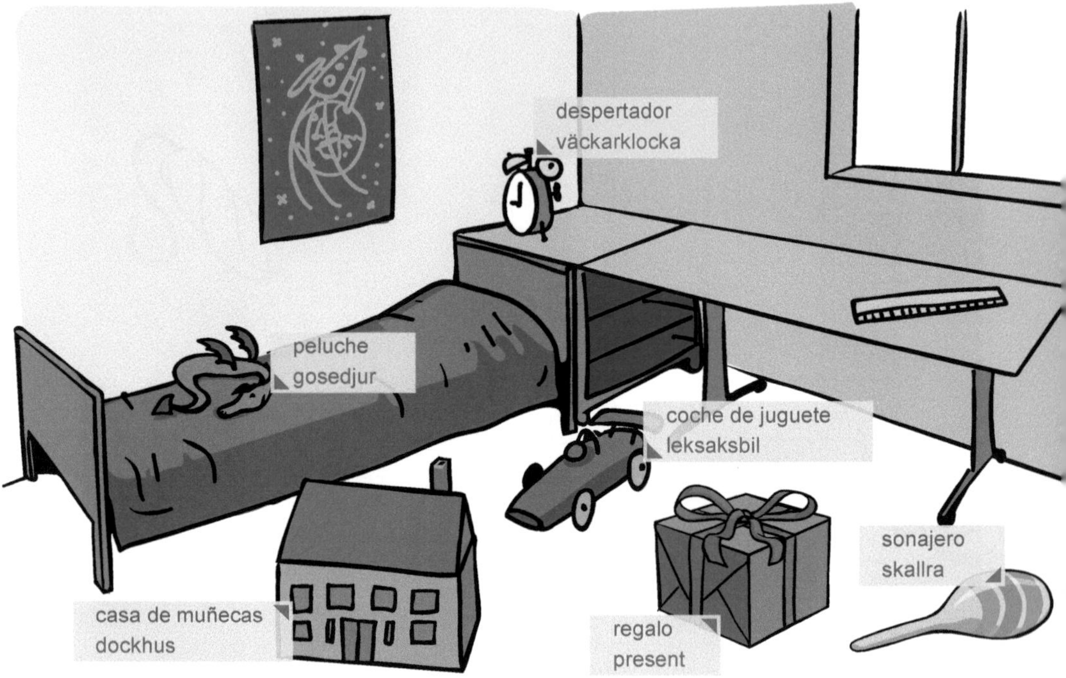

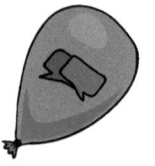

globo

ballong

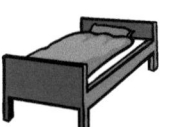

cama

säng

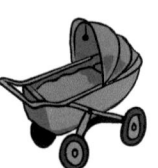

coche de niño

barnvagn

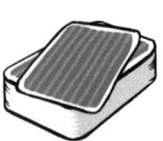

naipes

kortlek

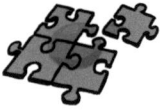

puzle

pussel

tebeo

serietidning

piezas de lego

legobitar

bloques de juguete

klossar

figura de acción

actionfigur

bodi (de bebé)

sparkdräkt

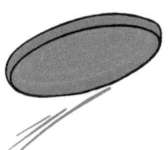

frisbee

frisbee

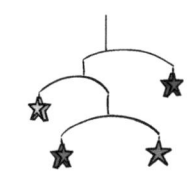

colgador móvil para bebés

mobil

juego de mesa

brädspel

dados

tärning

circuito de tren eléctrico

modelljärnväg

maniquí

napp

fiesta

party

álbum de fotos

bilderbok

pelota

boll

muñeca

docka

jugar

spela

cajón de arena

sandlåda

columpio

gunga

juguetes

leksaker

videoconsola

spelkonsol

triciclo

trehjuling

oso de peluche

nalle

guardarropa

garderob

ropa

kläder

calcetines

sockar

medias

strumpor

leotardos

tights

bufanda
halsduk

cinturón
bälte

paraguas
paraply

camiseta
t-shirt

botas
stövlar

zapatillas
tofflor

deportivas
sneakers

sandalias
·················
sandaler

zapatos
·················
skor

botas de goma
·················
gummistövlar

slip
·················
underbyxor

sostén
·················
BH

chaleco
·················
linne

bodi

body

pantalones

byxor

vaqueros

jeans

falda

kjol

blusa

blus

camisa

skjorta

jersey

pullover

suéter

sweater

blazer

blazer

chaqueta

jacka

abrigo

kappa

gabardina

regnjacka

traje

dräkt

vestido

klänning

vestido de novia

bröllopsklänning

traje

kostym

camisón

nattlinne

pijama

pyjamas

sari

sari

bandana

slöja

turbante

turban

burka

burka

caftán

kaftan

abaya

abaya

traje de baño

baddräkt

bañador

badbyxor

pantalones cortos

shorts

chándal

träningsoverall

delantal

förkläde

guantes

handskar

botón

knapp

gafas

glasögon

brazalete

armband

collar

halsband

anillo

ring

pendiente

örhänge

gorra

mössa

percha

galge

sombrero

hatt

corbata

slips

cremallera

dragkedja

casco

hjälm

tirantes

hängslen

uniforme escolar

skoluniform

uniforme

uniform

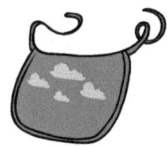

babero

haklapp

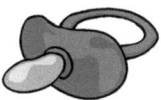

maniquí

napp

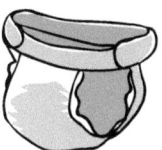

pañal

blöja

oficina
kontor

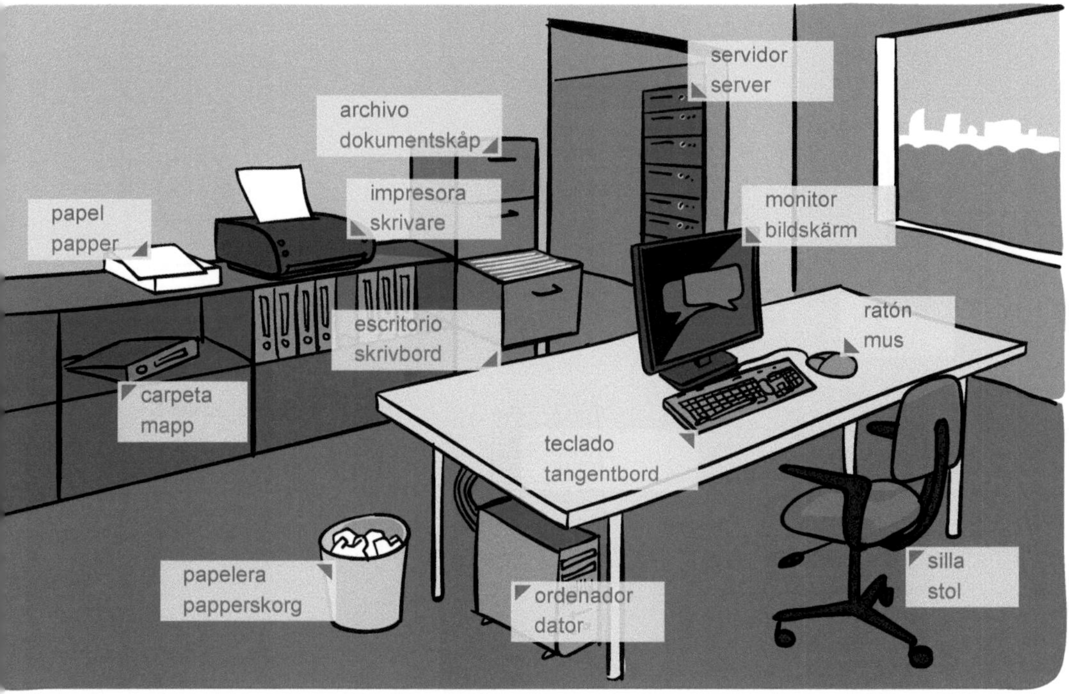
servidor
server
archivo
dokumentskåp
impresora
skrivare
papel
papper
monitor
bildskärm
ratón
mus
escritorio
skrivbord
carpeta
mapp
teclado
tangentbord
papelera
papperskorg
ordenador
dator
silla
stol

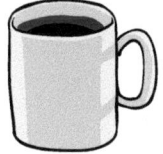

taza de café

kaffemugg

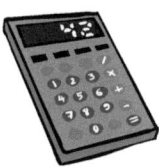

calculadora

miniräknare

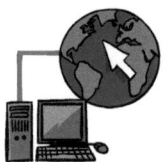

internet

internet

portátil

bärbar dator

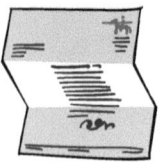

carta

brev

mensaje

meddelande

móvil

mobiltelefon

red

nätverk

fotocopiadora

kopieringsapparat

software

programvara

teléfono

telefon

toma de corriente

vägguttag

fax

fax

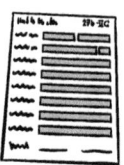

formulario

blankett

documento

dokument

comprar
köpa

pagar
betala

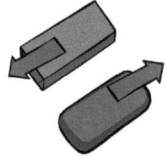

comerciar
handla

dinero
pengar

USD

dólar
dollar

EUR

euro
euro

JPY

yen
yen

RUB

rublo
rubel

CHF

franco suizo
schweizisk franc

CNY

renminbi yuan
renminbi yan

INR

rupia
rupie

cajero automático
bankomat

oficina de cambio de divisas

växelkontor

oro

guld

plata

silver

petróleo

olja

energía

energi

precio

pris

contrato

kontrakt

impuesto

skatt

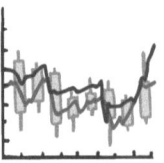

acción

aktie

trabajar

arbeta

empleado

anställd

empleador

arbetsgivare

fábrica

fabrik

tienda

affär

oficios
yrken

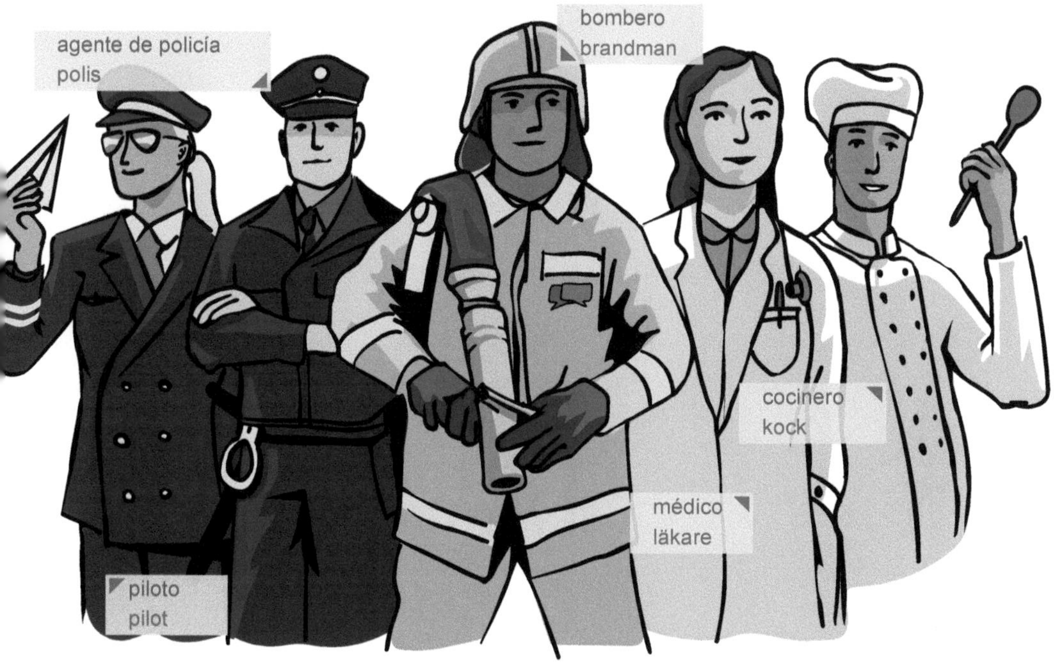
agente de policía
polis
bombero
brandman
cocinero
kock
médico
läkare
piloto
pilot

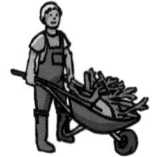

jardinero

trädgårdsmästare

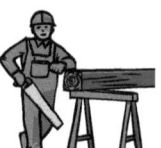

carpintero

snickare

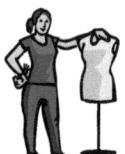

costurera

sömmerska

juez

domare

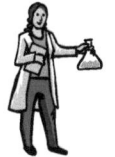

farmacéutico

kemist

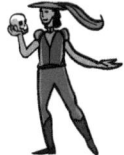

actor

skådespelare

conductor de autobús

busschaufför

taxista

taxichaufför

pescador

fiskare

señora de la limpieza

städerska

techador

takläggare

camarero

servitör

cazador

jägare

pintor

målare

panadero

bagare

electricista

elektriker

obrero

byggarbetare

ingeniero

ingenjör

carnicero

slaktare

fontanero

rörmokare

cartero

brevbärare

soldado

soldat

arquitecto

arkitekt

cajero

kassör

florista

florist

peluquero

frisör

revisor

konduktör

mecánico

mekaniker

capitán

kapten

dentista

tandläkare

científico

vetenskapsman

rabino

rabbin

imán

imam

monje

munk

sacerdote

präst

herramientas
verktyg

alicates
tång
martillo
hammare
destornillador
skruvmejsel
llave
skiftnyckel
linterna
ficklampa

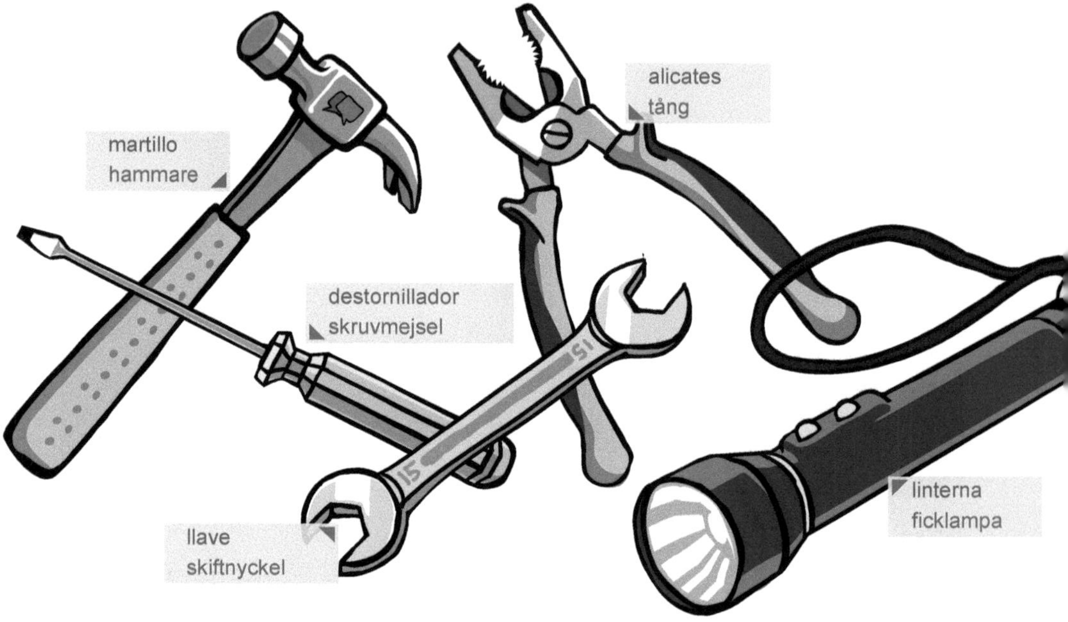

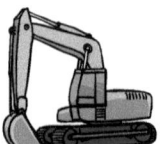

excavadora

grävmaskin

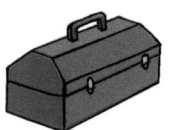

caja de herramientas

verktygslåda

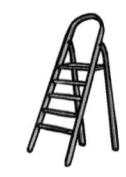

escalera de mano

stege

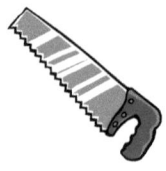

sierra

såg

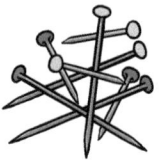

clavos

spik

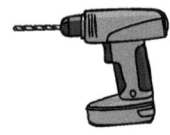

taladro

borr

reparar

reparera

pala

spade

¡Maldita sea!

Helvete!

recogedor

sopskyffel

bote de pintura

färgburk

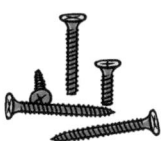

tornillos

skruvar

instrumentos musicales
musikinstrument

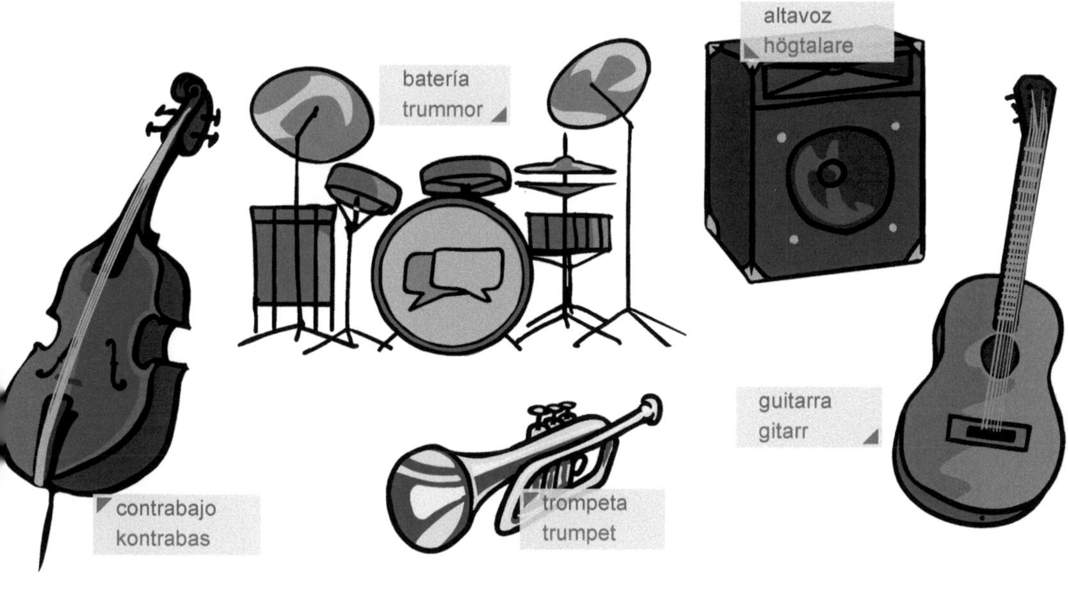

batería
trummor

altavoz
högtalare

guitarra
gitarr

contrabajo
kontrabas

trompeta
trumpet

piano

piano

violín

violin

bajo

bas

timbales

timpani

tambor

trumma

teclado

keyboard

saxofón

saxofon

flauta

flöjt

micrófono

mikrofon

ZOO

ZOO

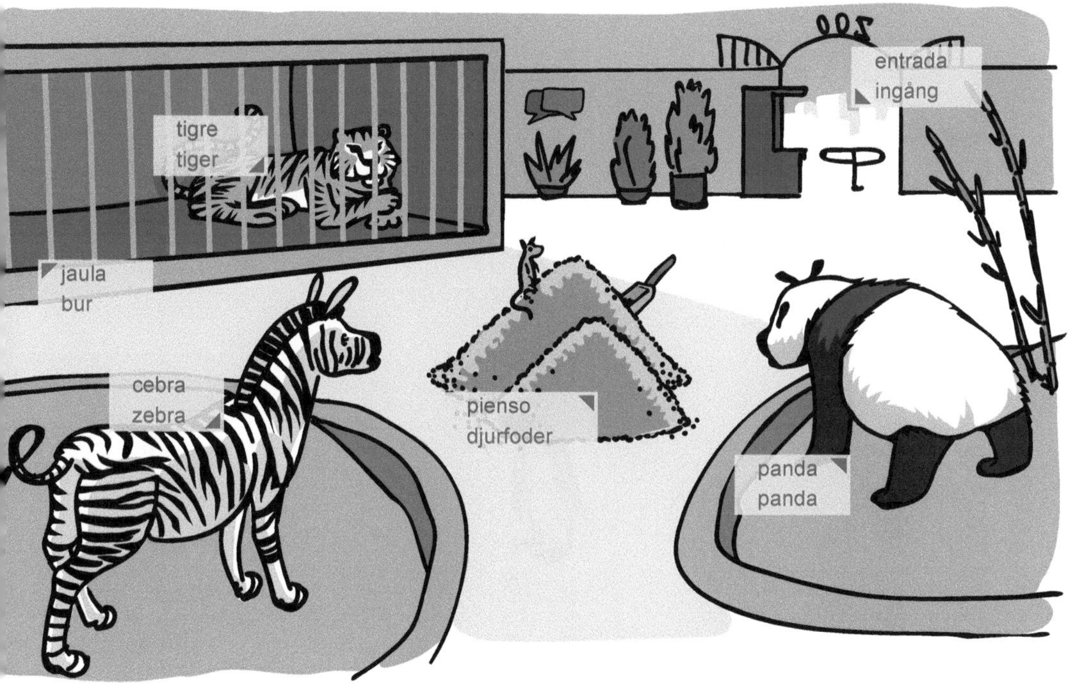

entrada
ingång
tigre
tiger
jaula
bur
cebra
zebra
pienso
djurfoder
panda
panda

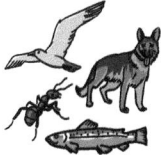

animales

djur

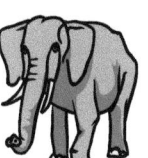

elefante

elefant

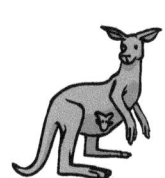

canguro

känguru

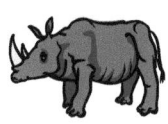

rinoceronte

noshörning

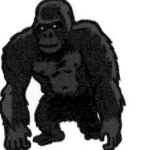

gorila

gorilla

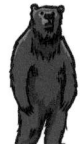

oso

björn

camello

kamel

avestruz

struts

león

lejon

mono

apa

flamingo

flamingo

loro

papegoja

oso polar

isbjörn

pingüino

pingvin

tiburón

haj

pavo real

påfågel

serpiente

orm

cocodrilo

krokodil

guardián de zoológico

djurskötare

foca

säl

jaguar

jaguar

poni
ponny

leopardo
leopard

hipopótamo
flodhäst

jirafa
giraff

águila
örn

jabalí
vildsvin

pescado
fisk

tortuga
sköldpadda

morsa
valross

zorro
räv

gacela
gazell

deportes
sport

fútbol americano
amerikansk fotboll

ciclismo
cykling

tenis
tennis

baloncesto
basket

natación
simning

boxeo
boxning

hockey sobre hielo
ishockey

fútbol
fotboll

bádminton
badminton

atletismo
friidrott

balonmano
handboll

esquí
skidåkning

polo
polo

actividades

aktiviteter

reír
skratta
saltar
hoppa
abrazar
krama
caminar
gå
cantar
sjunga
soñar
drömma
rezar
be
besar
kyssa

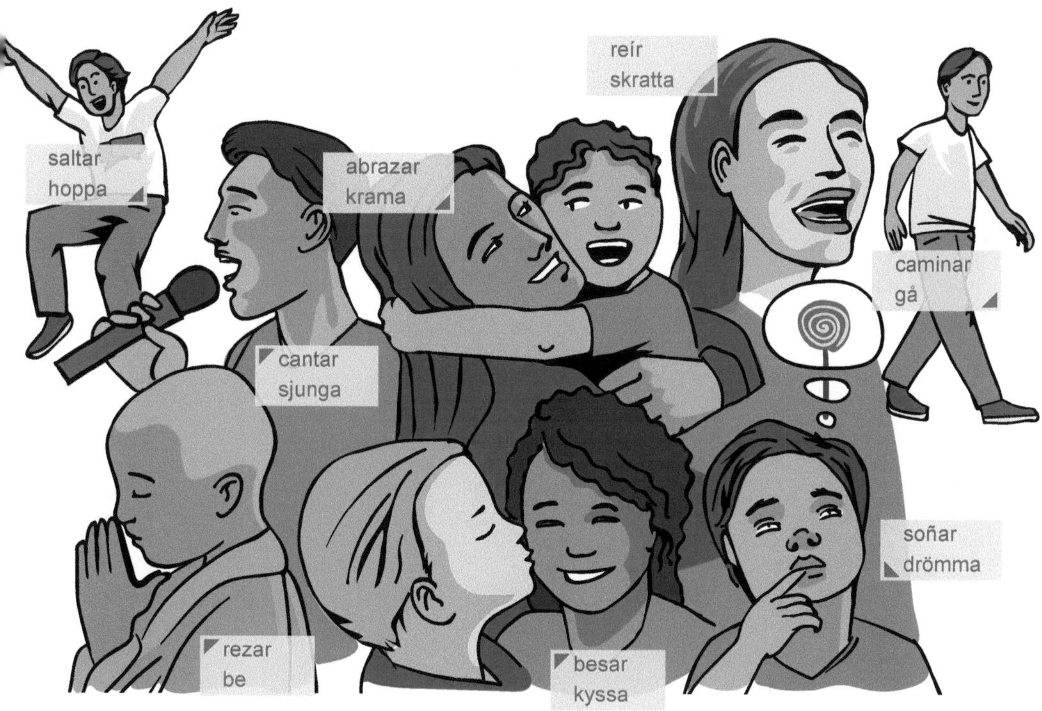

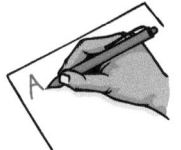

escribir

skriva

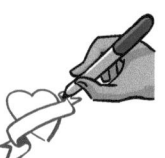

dibujar

rita

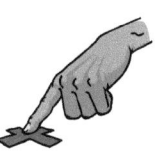

mostrar

visa

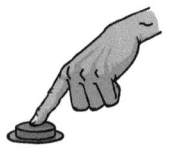

empujar

skjuta

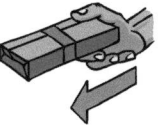

dar

ge

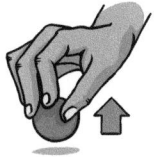

tomar

ta

tener
hagel

hacer
göra

ser
vara

estar de pie
stå

correr
springa

tirar
dra

tirar
kasta

caer
falla

yacer
ligga

esperar
vänta

llevar
bära

estar sentado
sitta

vestirse
klä på

dormir
sova

despertar
vakna

mirar
se på

llorar
gråta

acariciar
smeka

peinar
kamma

hablar
prata

entender
förstå

preguntar
fråga

escuchar
höra

beber
dricka

comer
äta

ordenar
städa

amar
älska

cocinar
laga mat

conducir
köra

volar
flyga

navegar
segla

calcular
räkna

leer
läsa

aprender
lära sig

trabajar
arbeta

casarse
gifta sig

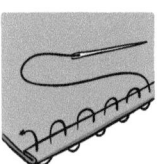

coser
sy

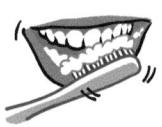

cepillarse los dientes
borsta tänderna

matar
döda

fumar
röka

enviar
skicka

familia

familj

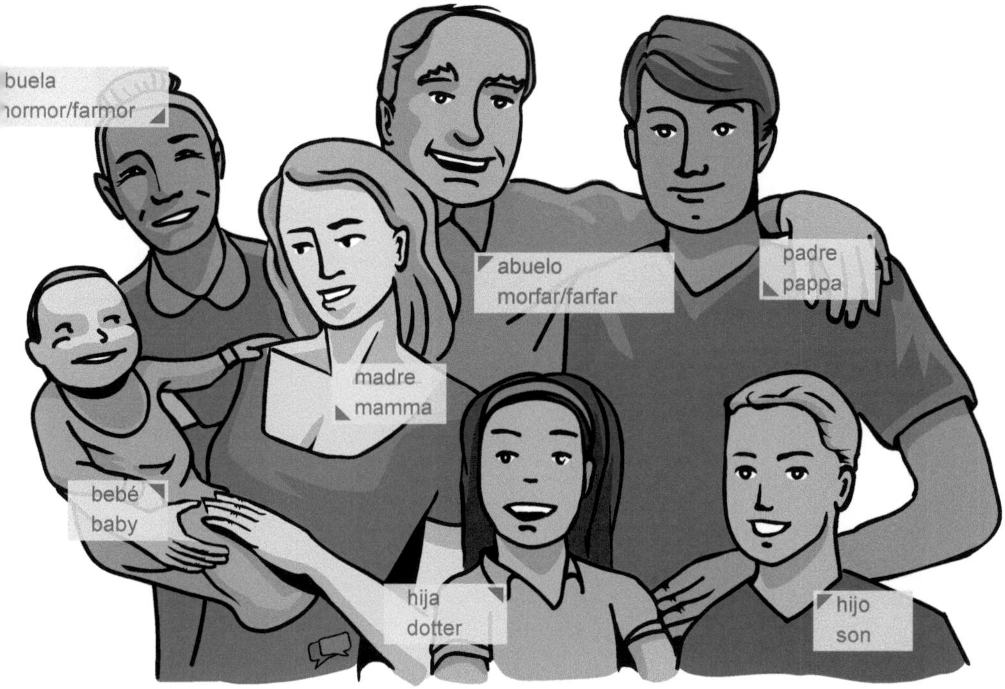

buela
ıormor/farmor
abuelo
morfar/farfar
padre
pappa
madre
mamma
bebé
baby
hija
dotter
hijo
son

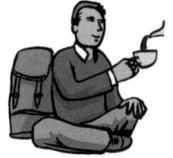

invitado

gäst

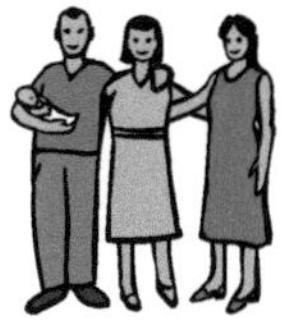

tía

moster/faster

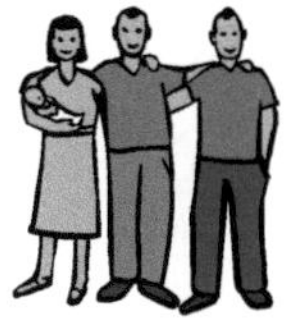

tío

farbror/morbror

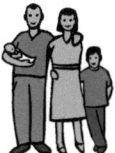

hermano

bror

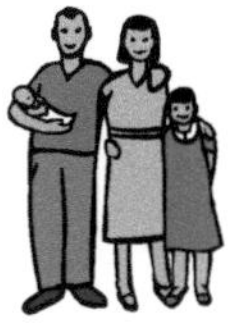

hermana

syster

cuerpo
kropp

frente
panna
ojo
öga
hombro
skuldra
dedo
finger
cara
ansikte
barbilla
haka
mano
hand
pierna
ben
pecho
bröst
brazo
arm

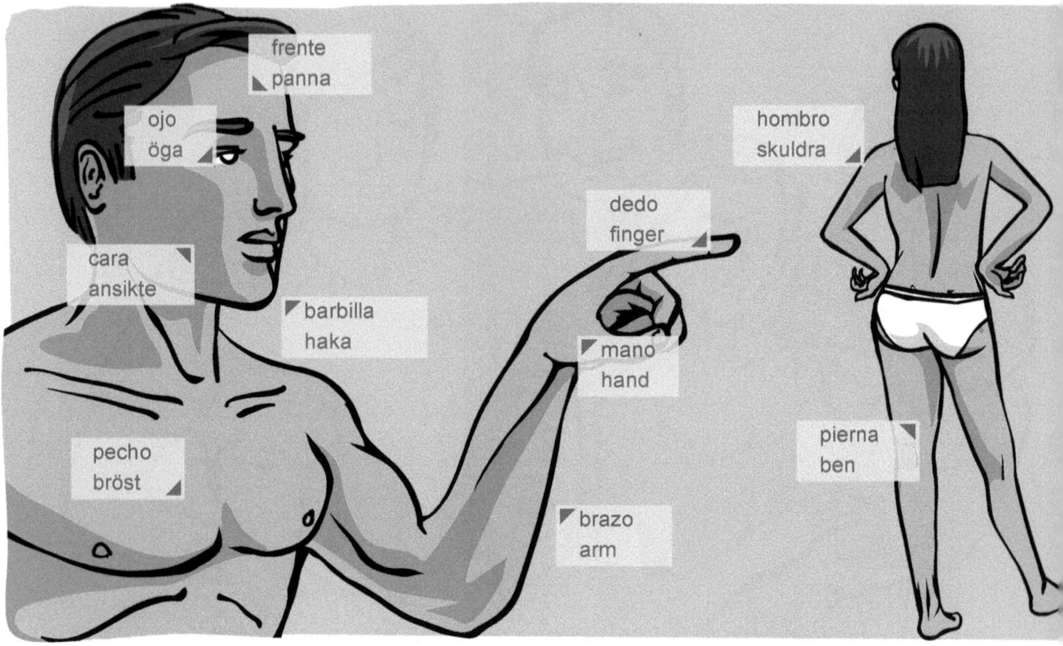

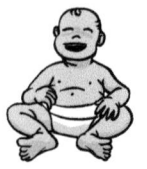

bebé

baby

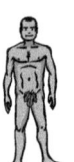

hombre

man

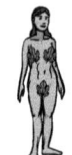

mujer

kvinna

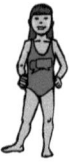

chica

flicka

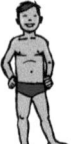

chico

pojke

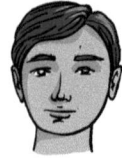

cabeza

huvud

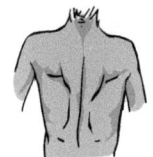

espalda
rygg

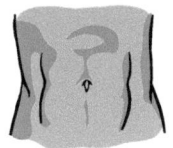

vientre
mage

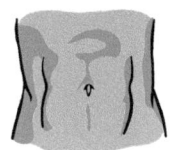

ombligo
navel

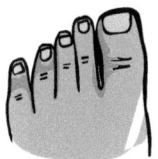

dedo del pie
tå

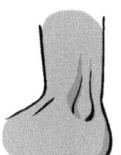

talón
häl

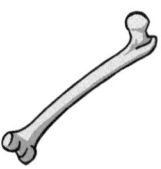

hueso
ben

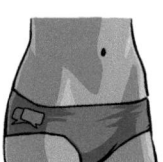

cadera
höft

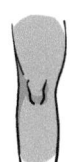

rodilla
knä

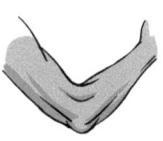

codo
armbåge

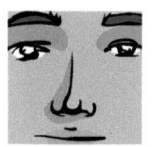

nariz
näsa

trasero
stjärt

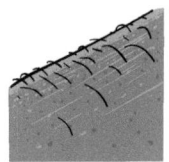

piel
hud

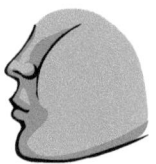

mejilla
kind

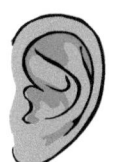

oído
öra

labio
läpp

boca

mun

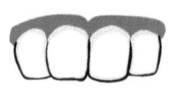

diente

tand

lengua

tunga

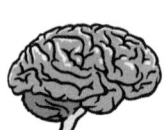

cerebro

hjärna

corazón

hjärta

músculo

muskel

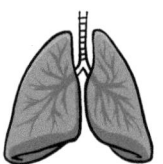

pulmón

lunga

hígado

lever

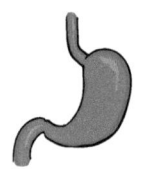

estómago

magsäck

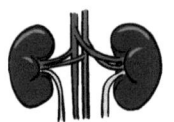

riñones

njurar

sexo

sex

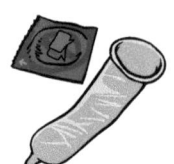

condón

kondom

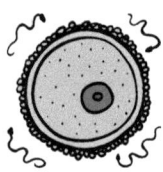

ovario

äggcell

semen

sperma

embarazo

graviditet

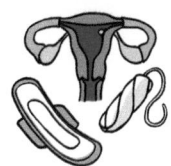

menstruación

menstruation

vagina

vagina

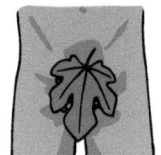

pene

penis

ceja

ögonbryn

pelo

hår

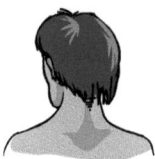

cuello

nacke

hospital
sjukhus

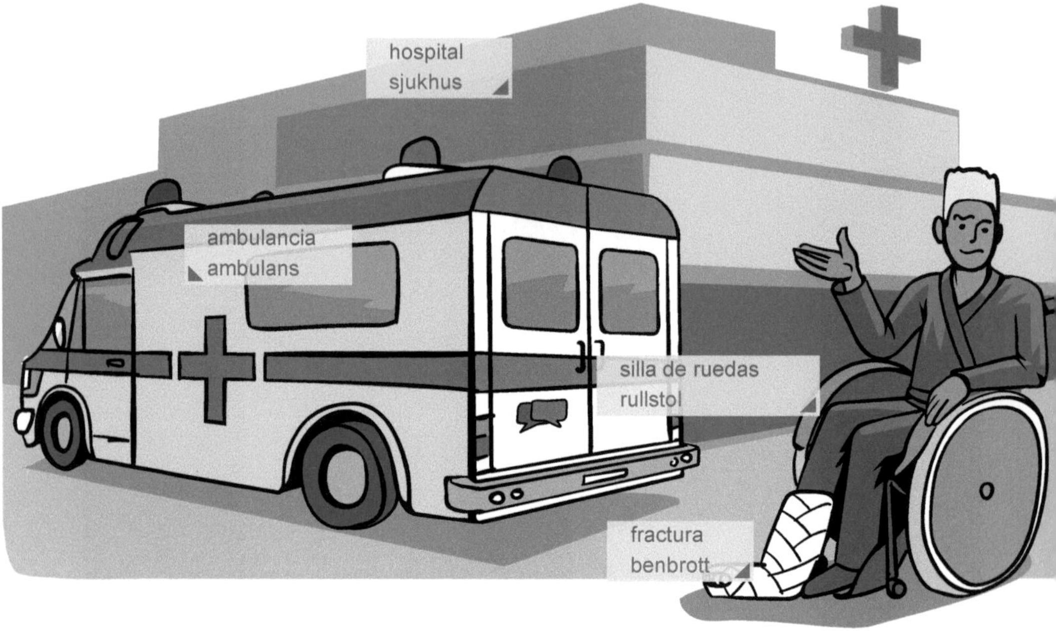

hospital
sjukhus
ambulancia
ambulans
silla de ruedas
rullstol
fractura
benbrott

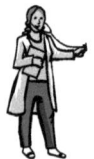

médico

läkare

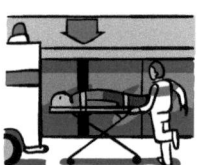

sala de urgencias

akutmottagning

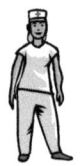

enfermera

sjuksköterska

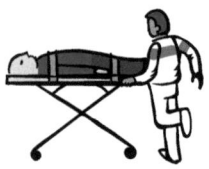

urgencia

nödsituation

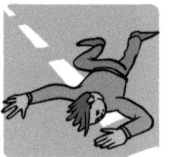

inconsciente

medvetslös

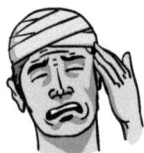

dolor

smärta

lesión

skada

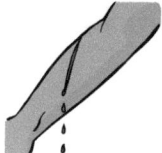

hemorragia

blödning

infarto

hjärtattack

ictus

slaganfall

alergia

allergi

tos

hosta

fiebre

feber

gripe

influensa

diarrea

diarré

dolor de cabeza

huvudvärk

cáncer

cancer

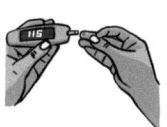

diabetes

diabetes

cirujano

kirurg

bisturí

skalpell

operación

operation

TAC
CT

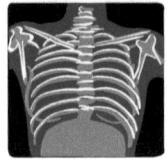

rayos x
röntgen

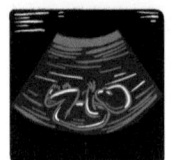

ultrasonido
ultraljud

mascarilla
ansiktsmask

enfermedad
sjukdom

sala de espera
väntsal

muleta
krycka

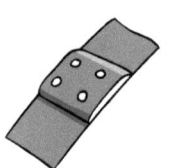

tirita
plåster

venda
bandage

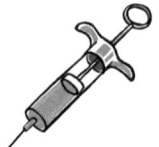

inyección
injektion

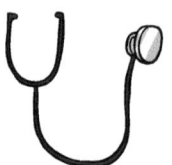

estetoscopio
stetoskop

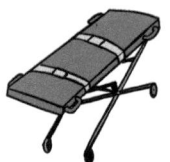

camilla
bår

termómetro
termometer

nacimiento
födsel

sobrepeso
övervikt

audífono

hörapparat

desinfectante

desinfektionsmedel

infección

infektion

virus

virus

VIH / SIDA

HIV / AIDS

medicina

medicin

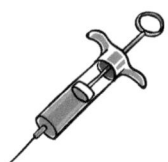

vacunación

vaccination

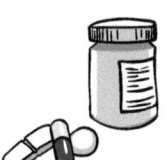

tabletas

tabletter

pastilla

p-piller

llamada de urgencia

nödsamtal

tensiómetro

blodtrycksmätare

enfermo / sano

sjuk / frisk

¡Socorro!

Hjälp!

alarma

alarm

asalto

överfall

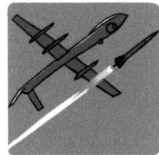

ataque

misshandel

peligro

fara

salida de emergencia

nödutgång

¡Fuego!

Det brinner!

extintor de incendios

brandsläckare

accidente

olycka

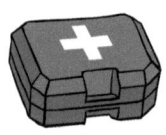

botiquín de primeros
auxilios
förbandslåda

SOS

SOS

policía

polis

Europa
Europa

Norteamérica
Nordamerika

Sudamérica
Sydamerika

África
Afrika

Asia
Asien

Australia
Australien

Atlántico
Atlanten

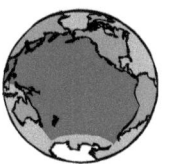

Pacífico
Stilla Havet

Océano Índico
Indiska Oceanen

Océano Antártico
Antarktiska Oceanen

Océano Ártico
Arktiska Oceanen

polo norte
Nordpol

polo sur

Sydpol

Antártida

Antarktis

tierra

Jorden

tierra

land

mar

hav

isla

ö

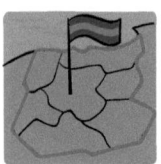

nación

nation

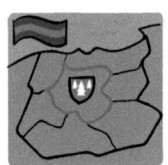

estado

stat

esfera

urtavla

manecilla de las horas

timvisare

minutero

minutvisare

segundero

sekundvisare

¿Qué hora es?

Vad är klockan?

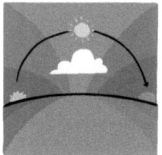

día

dag

tiempo

tid

ahora

nu

reloj digital

digital klocka

minuto

minut

hora

timme

semana
vecka

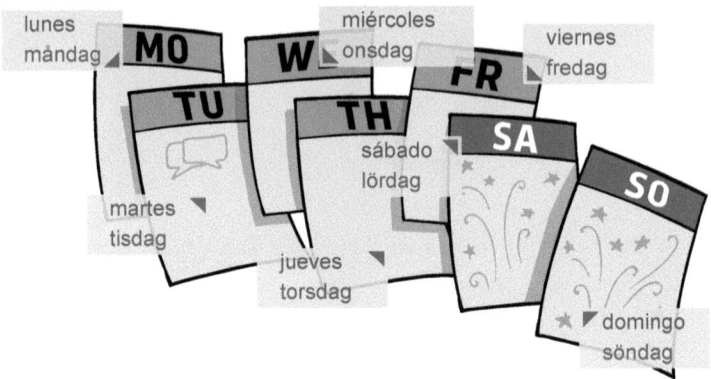

lunes / måndag — MO
martes / tisdag — TU
miércoles / onsdag — W
jueves / torsdag — TH
viernes / fredag — FR
sábado / lördag — SA
domingo / söndag — SO

ayer
igår

hoy
idag

mañana
imorgon

mañana
morgon

mediodía
middag

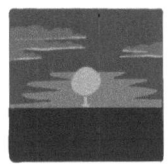

tarde
kväll

MO	TU	WE	TH	FR	SA	SU
1	2	3	4	5	6	7
8	9	10	11	12	13	14
15	16	17	18	19	20	21
22	23	24	25	26	27	28
29	30	31	1	2	3	4

días laborables
vardagar

MO	TU	WE	TH	FR	SA	SU
1	2	3	4	5	6	7
8	9	10	11	12	13	14
15	16	17	18	19	20	21
22	23	24	25	26	27	28
29	30	31	1	2	3	4

fin de semana
helg

año
år

arcoíris
regnbåge
lluvia
regn
viento
vind
nieve
snö
primavera
vår
otoño
höst
verano
sommar
invierno
vinter

4.APRIL 11°
5.APRIL 4°
6.APRIL 13°
7.APRIL 8°
8.APRIL 10°

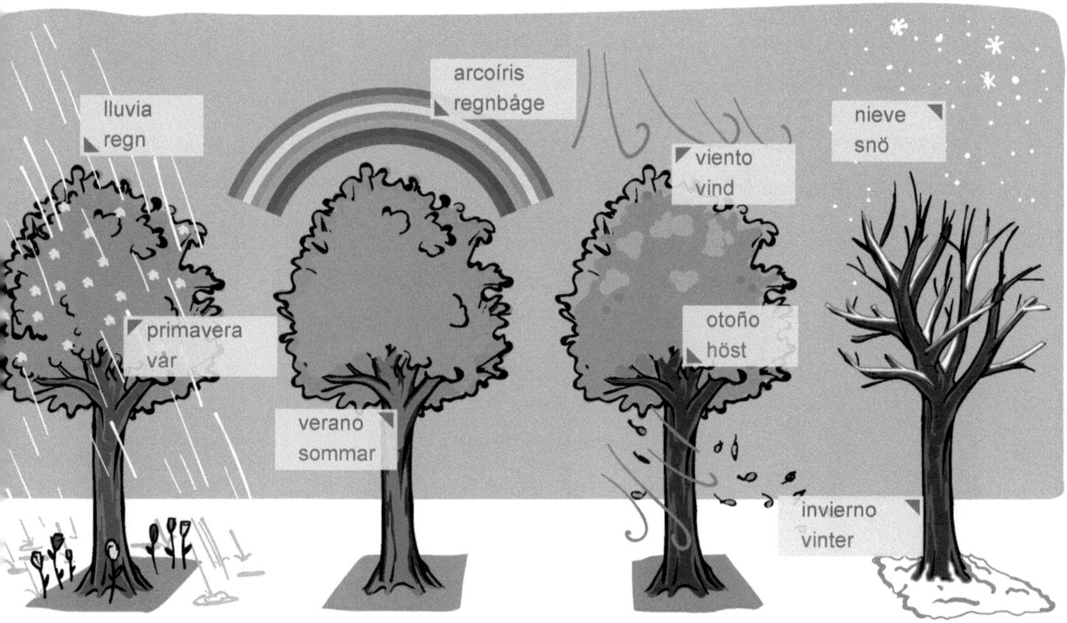

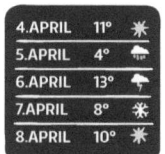

pronóstico del tiempo

väderprognos

F C
120 40
90 30
60 20
30 10
0 0
-30 -10
-20

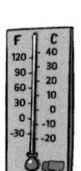

termómetro

termometer

sol

solsken

nube

moln

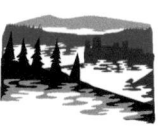

niebla

dimma

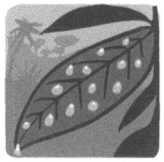

humedad

luftfuktighet

rayo

blixt

trueno

åska

tormenta

storm

granizo

hagel

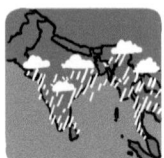

monzón

monsun

inundación

översvämning

hielo

is

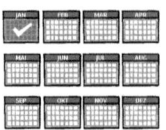

enero

januari

febrero

februari

marzo

mars

abril

april

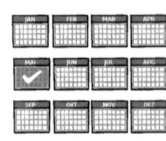

mayo

maj

junio

juni

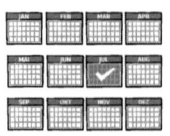

julio

juli

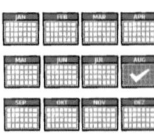

agosto

augusti

año - år

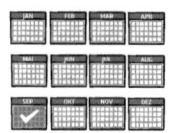

septiembre

september

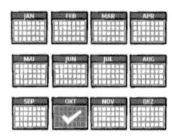

octubre

oktober

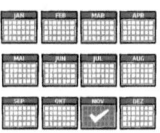

noviembre

november

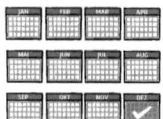

diciembre

december

formas
former

círculo

cirkel

cuadrado

kvadrat

rectángulo

rektangel

triángulo

triangel

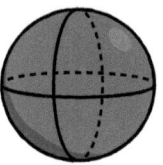

esfera

sfär

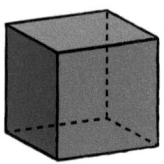

cubo

kub

blanco

vit

amarillo

gul

anaranjado

orange

rosa

rosa

rojo

röd

morado

lila

azul

blå

verde

grön

marrón

brun

gris

grå

negro

svart

mucho / poco

mycket / lite

enojado / tranquilo

arg / lugn

bonito / feo

vacker / ful

principio / fin

början / slut

grande / pequeño

stor / liten

claro / oscuro

ljus / mörk

hermano / hermana

bror / syster

limpio / sucio

ren / smutsig

completo / incompleto

komplett / ofullständig

día / noche

dag / natt

muerto / vivo

död / levande

ancho / estrecho

bred / smal

comestible / no comestible

ätlig / oätlig

malo / amable

ond / god

entusiasmado / aburrido

upphetsad / uttråkad

gordo / delgado

tjock / smal

primero / último

först / sist

amigo / enemigo

vän / fiende

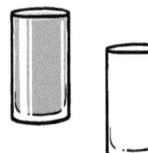

lleno / vacío

full / tom

duro / blando

hård / mjuk

pesado / ligero

tung / lätt

hambre / sed

hunger / törst

enfermo / sano

sjuk / frisk

ilegal / legal

olaglig / laglig

inteligente / tonto

intelligent / dum

izquierda / derecha

vänster / höger

cerca / lejos

nära / långt bort

nuevo / usado

ny / begagnad

nada / algo

inget / något

viejo / joven

gammal / ung

encendido / apagado

på / av

abierto / cerrado

öppen / stängd

silencioso / ruidoso

tyst / högljudd

rico / pobre

rik / fattig

correcto / incorrecto

rätt / fel

áspero / suave

grov / slät

triste / contento

ledsen / glad

corto / largo

kort / lång

lento / rápido

långsam / snabb

húmedo / seco

våt / torr

cálido / frío

varm / sval

guerra / paz

krig / fred

0

cero

noll

1

uno

ett

2

dos

två

3

tres

tre

4

cuatro

fyra

5

cinco

fem

6

seis

sex

7

siete

sju

8

ocho

åtta

9

nueve

nio

10

diez

tio

11

once

elva

12

doce
tolv

13

trece
tretton

14

catorce
fjorton

15

quince
femton

16

dieciséis
sexton

17

diecisiete
sjutton

18

dieciocho
arton

19

diecinueve
nitton

20

veinte
tjugo

100

cien
hundra

1.000

mil
tusen

1.000.000

millón
miljon

inglés

engelska

inglés americano

amerikansk engelska

chino mandarín

kinesisk mandarin

hindi

hindi

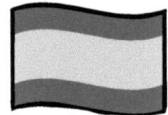

español

spanska

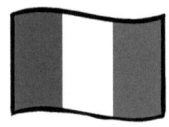

francés

franska

árabe

arabiska

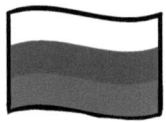

ruso

ryska

portugués

portugisiska

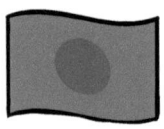

bengalí

bengali

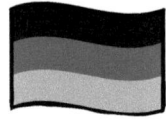

alemán

tyska

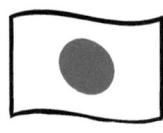

japonés

japanska

yo

jag

tú

du

él / ella / ello

han / hon / den (det)

nosotros/as

vi

vosotros/as

ni

ellos/as

de

¿quién?

vem?

¿qué?

vad?

¿cómo?

hur?

¿dónde?

var?

¿cuándo?

när?

nombre

namn

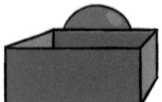

detrás

bakom

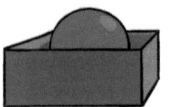

en

i

delante de

framför

por encima de

över

sobre

på

debajo de

under

junto a

bredvid

entre

mellan

lugar

plats